LES POURQUOI.

EXPOSÉ (a).

MAUDRU, compris dans la réforme qui vient de s'opérer au dépôt général de la guerre, expose et prouve par les attestations ci-jointes :

1°. Qu'en 1791, en haine de son civisme, il a perdu en Russie, tout ce qu'il possédoit. Détenu seize mois dans les fers et condamné trois fois à l'échafaud, il s'y est vu dépouillé d'une fortune de plus de cent mille francs écus, fruit de dix-huit ans de travail, après y avoir essuyé les traitemens les plus barbares ; et chassé du pays sans qu'on lui eût donné une obole pour revenir en France. (Voyez attestations 1, 2.)

2°. Appelé par Condorcet, comme chef de bureau, au comité de constitution, il y a traduit, par ordre de ce comité, plusieurs ouvrages, pour lesquels il a reçu une gratification de neuf cents francs. (Voyez attestations 3, 4.)

3°. De ce comité, il a passé, avec la même qualité, à la commission chargée d'analyser les projets relatifs à la constitution ; et en

(a). Cet exposé a été demandé par le général Meunier, pour être présenté par lui au Ministre de la guerre.

A

a reçu , pour travaux extraordinaires , une gratification de six cents francs (Voyez attestations 5 , 6.)

4°. Cette commission dissoute , il a été appelé au comité de salut public , en qualité de chef de la division des relations extérieures ; et là , comme ailleurs , il s'est conduit en homme probe. (Voyez attestation 7.)

5°. Lors de la dissolution de ce comité , il est entré au dépôt général de la guerre , pour y être à la tête de l'une des deux subdivisions qui composoient ce dépôt , celle des archives. Ses appointemens , qu'on lui avoit d'abord fait envisager comme solides et qui étoient de six mille francs , ont été successivement réduits à quatre mille et à trois mille six cents francs. Sa qualité de chef de la première subdivision a subi la même révolution ; et par gradation , toujours en déclinant (a) , il s'est vu , 1°. chef

---

(a). J'étois chef de la 1.ʳᵉ subdivision , lorsqu'un militaire qualifié général de division , mais qui ayant été employé dans la guerre de la Vendée , depuis et avant que cette guerre fût près de finir , a cessé d'être en activité de service , s'est présenté au dépôt avec un brevet de savant qu'il avoit obtenu du ministre de la guerre ; et y a pris place dans la classe des savans aux appointemens de six mille francs , au lieu de cinq mille , qui étoient le traitement de chacun des membres de cette classe. Pourquoi ces cent pistoles en sus ? C'est ce que celui qui les recevoit doit savoir mieux que moi ; mais ce que je sais aussi bien que lui , c'est que de-

des archives 2.º premier sous-chef 3.º principal commis 4º. employé sans autre qualification 5.º rédacteur et enfin 6.º réformé. Au milieu de ces froissemens, il n'a jamais rien réclamé ; jamais, il ne s'est plaint. Au-dessus de l'intrigue par ses sentimens, il n'a voulu écouter que l'amour de ses devoirs et sa conduite n'a jamais cessé d'être exemplaire. (Voyez attestations 8 et 9.)

A sa qualité d'homme de lettres, il joint la connoissance de quelques langues, telles que l'Allemand, l'Italien ; et les attestations 1, 2, 3, font voir que les langues Russe et Anglaise ne lui sont point étrangères.

Entr'autres productions sorties de sa plume, il a présenté, il y a deux mois, au Directoire exécutif (*a*), la première partie de son nouveau Système de lecture applicable à toutes les langues, ouvrage destiné aux écoles pri-

---

puis ce malheureux brevet, j'ai toujours été en déclinant. Après l'entière suppression de cette classe, il a conservé le même traitement ; d'abord, sous le titre de chef de tous les bureaux ; ensuite, sous celui d'adjoint ayant un collègue ; et depuis la dernière reforme, sous celui d'adjoint sans collègue. Cependant, loin de porter envie à cet heureux adjoint, je lui dois en homme franc, et lui rends la justice d'avouer que sur-tout depuis ma dernière disgrace, il s'est montré extrêmement poli à mon égard.

(*a*) C'est au directeur Merlin, que dans une audience particulière, j'ai présenté ce manuscrit.

maires , aux écoles centrales et que le Ministre de l'intérieur a renvoyé au conseil d'instruction publique , dont on attend le rapport
qu'il doit faire sur le mérite de ce manuscrit.
Forcé par d'impérieuses circonstances à parler
de lui-même et ne voulant pas qu'on lui prête
une vanité qui n'est pas dans son caractère,
l'auteur se bornera à dire que son travail a
obtenu le suffrage de tous les gens instruits qui
l'ont vu. Le représentant Garat et le citoyen
Ginguené , deux de ses examinateurs , l'ont
également vu; on peut leur demander ce qu'ils
en pensent.

Il seroit aisé à l'Exposant de se faire appuyer
puissamment ; mais pour le moment , il pré-
fère de n'invoquer pour appui que la probité
du ministre et son amour pour la justice.

Tels sont en partie les titres qui paroissent
à Maudru devoir militer en sa faveur , et voici
quelles sont ses ressources : il a femme et
enfans et n'a pas de pain (*a*).

Paris , 17 Prairial , an 7 de la république française , une
et indivisible.

MAUDRU.

(*a*) Cet exposé a paru faire , sur l'esprit du directeur
Meunier , la plus vive impression et je devois m'y attendre ; mais il n'en a fait aucune sur l'esprit du ministre. A
qui en est la faute?

ATTESTATIONS.

N°. 1 JE certifie que le citoyen Maudru a exercé, pendant un grand nombre d'années, en Russie, la profession d'avocat ; qu'il a acquis une connoissance profonde de la langue russe ; et qu'il est vraisemblable que cette partie de son instruction lui ayant fait recueillir beaucoup de lumières sur les vices de la législation russe et sur l'incroyable corruptibilité des tribunaux de ce pays, l'a mis en but, autant que les sentimens qu'il a manifestés depuis notre révolution, à la haine et aux vengeances des ministres et des administrateurs de Catherine II.

Paris, 27 *Décembre* 1792, *l'an* 1*er. de la république.*

Signé GENET, ministre plénipotentiaire près les Etats-Unis, ci-devant chargé des affaires de France en Russie.

N°. 2. JE certifie que d'après les rapports qui m'ont été faits, le citoyen Maudru auroit droit de réclamer la restitution des effets qui lui ont été saisis par les tribunaux de Pétersbourg ; et que le refus de rendre les dits effets à ce citoyen ne pourroit être envisagé que comme une spoliation effectuée en haine des sentimens patriotiques qu'il a manifestés depuis la révolution et de ses talens dans la profession d'avocat, qui l'ont rendu odieux à des magistrats intéressés très-souvent à cacher leur ignorance, leurs bévues et leur corruption.

Paris, 4 *Janvier* 1793, *l'an* 2 *de la république.*

Signé GENET, ministre plénipotentiaire près les Etats-Unis, ci-devant chargé des affaires de France en Russie (*a*).

(*a*) Cette signature et la précédente ont été légalisées par le citoyen Talleyrand, ministre des relations extérieures.

N°. 3. Le citoyen Maudru, secrétaire-commis du comité de constitution, a traduit de l'anglais, par son ordre, quatre ouvrages envoyés à ce comité, un de Barlow, un de Smith, un de Williams et un anonyme. Le comité en a fait imprimer trois; et le quatrième ne l'a pas été parce qu'il renfermoit une organisation du Corps législatif qui auroit fait crier au fédéralisme et aux trois chambres, quoiqu'il n'en fût pas question. Outre ce travail extraordinaire, le citoyen Maudru a rempli ses fonctions avec assiduité et avec zèle.

Paris, 28 Juin, l'an 2 de la république.

Signé Condorcet.

J'atteste les faits de travail et de traduction ci-dessus.

Paris, 1er. Juillet de l'an 2 de la république française.

Signé B. Barere.

Je crois devoir ajouter que le citoyen Maudru a été dépouillé de tout ce qu'il possédoit, même des manuscrits de ses ouvrages, et chassé de Pétersbourg en haine de la révolution française. *Signé* Siéyes.

N°. 4. Pour travaux extraordinaires entrepris par le citoyen Maudru pour le comité de constitution et par ordre de ce comité, il revient à ce citoyen la somme de neuf cents livres.

Paris, 8 Juillet 1793.

Signé Condorcet.

N°. 5. Le citoyen Maudru, premier secrétaire-commis et chef du bureau de la commission des six chargée d'analyser les projets relatifs à la constitution, a rempli, tout le tems qu'a duré cette commission, ses devoirs avec tout le zèle et toute l'exactitude que l'on peut attendre d'un excellent citoyen; et la commission lui doit des éloges pour ses travaux et pour la manière dont il s'en est acquitté.

Paris, 7 Juillet 1793, le 2e. de la république.

Signé Mercier, du comité des six.

Et j'ajouterai que le citoyen Maudru a droit à une gratifi-cation pour les travaux particuliers et utiles qu'il a suivis en ma présence et celle de mes collègues. Sous ce rapport, il lui revient une somme de six cents livres.

7 Juillet, *l'an* 2.   *Signé* MERCIER.

N°. 6.   Nous représentans du peuple, ex-membres de la Convention nationale de France et de la commission des six, chargée par décret d'analyser les projets relatifs à la constitution; certifions que le citoyen Maudru, ex-secré-taire-commis de la Convention, a été, comme tel, employé, en qualité de chef de bureau, près la dite commission, de-puis son installation jusqu'à l'époque de sa dissolution: et que sous tous les rapports, il s'y est toujours comporté à l'entière satisfaction des membres qui la composoient.

Paris, 24 *Brumaire*, *an* 4 *de la république.*
                    Signé MERCIER, LANJUINAIS.

N°. 7.   Nous soussignés anciens membres du comité de salut public, déclarons que le citoyen Maudru a, comme secrétaire-commis de la Convention nationale, servi long-tems près le dit comité en qualité de chef de bureau; etqu'il y a toujours rempli les devoirs de sa place en bon répu-blicain.

Paris, 24 *Pluviôse*, *an* 4 *de la république.*
                    Signé C. A. PRIEUR, CARNOT, MERLIN, TREILHARD.

N°. 8.   Je soussigné général de brigade et directeur du dépôt général de la guerre et de la géographie, certifie que le citoyen Maudru, chef des archives et ci-devant chef de la première subdivision de ce dépôt, y est employé depuis le mois de Frimaire de l'an 4, et qu'à dater de cette époque jus-qu'à ce jour, il s'y est toujours conduit en homme probe, intelligent, assidu et laborieux, ayant constamment rempli tous ses devoirs avec la plus grande exactitude, et veillé à ce

que les commis placés sous sa surveillance remplissent égale
ment les leurs avec la même ponctualité.

Je certifie également qu'antérieurement à l'époque de son
entrée au dépôt général de la guerre et de la géographie, le
même citoyen Maudru, depuis le premier d'Octobre 1792
jusqu'à l'organisation du Gouvernement actuel, a été secrétaire-commis de la Convention nationale ; qu'en cette qualité, il a été successivement attaché comme chef de bureau,
à différens comités, tels que celui de constitution et en der-
nier lieu au comité de salut public, où il a été appelé et
placé comme chef de la division des relations extérieures ;
que par-tout où il a été employé près la Convention nationale, il s'y est toujours distingué par sa manière d'y remplir
ses devoirs ; et que par cette raison, il a mérité de la part
d'un grand nombre de mes anciens collègues, membres de
cette Convention, les témoignages les plus flatteurs, qu'il a
reçus d'eux par écrit et qui lui ont valu, à deux époques dif
férentes, près le comité des inspecteurs, dont j'étois membre,
une double gratification, qui lui a été accordée sur la de-
mande de Condorcet et autres représentans du peuple.

Paris, 1.er *Prairial, an* 5 *de la république.*

Signé CALON.

N°. 9. Je soussigné général de division et directeur du
dépôt général de la guerre, certifie que le citoyen Maudru
est attaché à ce dépôt en qualité de rédacteur pour la partie
historique ; et que la conduite qu'il y a tenue, à dater de
l'époque de mon entrée au dit dépôt jusqu'à ce jour, a constamment été celle d'un zélé républicain, exact, laborieux,
intelligent et probe.

Paris, 4 *Brumaire, an* 7 *de la république.*

Signé ERNOUF.

N°. 10. *Ma lettre de réforme.*

. . . .

C'est avec infiniment de regret, citoyen, qu'en consé-
quence d'un arrêté du Directoire exécutif du 13 de ce mois,
portant nouvelle organisation du dépôt de la guerre. . . . .
je vons préviens que vous n'êtes pas compris sur l'état approuvé par le Directoire. . . . .

Vous me trouverez toujours disposé, citoyen, à donner
de votre zéle, de vos talens et des services que vous avez
rendus au dépôt de la guerre, le témoignage le plus authen-
tique.

Paris, 16 *Prairial, an* 7.   *Signé* MEUNIER.

N°. 11. Le général de brigade Meunier, directeur du
dépôt général de la guerre, certifie que le citoyen Maudru,
ex-rédacteur et ci-devant chef de la première subdivision de
ce dépôt, s'est, dans toutes les occasions, montré ami de ses
devoirs, qu'il a constamment remplis en zélé républicain,
avec beaucoup d'intelligence et d'assiduité.

Paris, 24 *Prairial, an* 7.   *Signé* MEUNIER.

Vu et approuvé par le Ministre de la guerre,

Signé MILET-MUREAU.

N°. 12. *Lettre du général Meunier au Mi-*
nistre de l'intérieur.

Paris, 23 Prairial, an 7.

CITOYEN MINISTRE,

L'économie que le Gouvernement est obligé de mettre
dans les dépenses de la guerre, a donné lieu, au dépôt de la
guerre, à une réforme qui tombe sur beaucoup d'hommes de
mérite. Le citoyen Maudru, que vous connoissez sous ce
rapport, est dans le même cas. Ce citoyen, qui a beaucoup

de talens , mérite l'intérêt du Gouvernement ; et quand un ami des lettres comme vous lui proposera de l'employer , il sera bien sûr de servir la chose publique. En mon particulier, citoyen ministre , je serai très-reconnoissant de ce que vous voudrez bien faire pour le citoyen Maudru, auquel je prends le plus vif intérêt. Il doit être très-utile pour les écoles centrales, et il seroit à désirer qu'il se présentât beaucoup de sujets aussi capables.

Salut et respect. *Signé* MEUNIER.

N°. 13. *Autre lettre du même général au cit. Jacquemont , chef de la 5.ᵉ division du ministère de l'intérieur.*

Paris , 23 Prairial , an 7.

Je recommande à vos bontés , mon cher et ancien condisciple, le citoyen Maudru, homme de lettres , dont les ouvrages précieux à l'instruction publique ont déjà été appréciés par le Ministre de l'intérieur. Les employés au dépôt de la guerre ayant été réduits au nombre strictement nécessaire pour la conservation du matériel des archives et de la topographie, c'est avec bien du regret que j'ai vu la réforme atteindre le citoyen Maudru , que vous serez à même de juger très-favorablement en lisant ses écrits.

Signé MEUNIER.

RÉFLEXIONS.

JE ne me plains point du Ministre de la guerre. Mais sans qu'il s'en doute et sans qu'il puisse s'en garantir, un Ministre, si probe qu'il soit, forcé qu'il est à ne voir souvent que par les yeux d'autrui, peut aisément se laisser influencer par dès passions qui lui sont étrangères, ne pas faire alors tout le bien qu'il voudroit et quelquefois, faire le mal qu'il ne voudroit pas.

Après les lettres que le directeur Meunier a écrites en ma faveur et le certificat qu'il m'a donné (*a*), il est évident que je ne puis pas non plus me plaindre de lui. Cependant, il n'est pas moins évident que sous le ministre Pétiet, (*b*), j'ai vu le moment où jallois être

---

(*a*) Voyez les attestations 10, 11, 12 et 13.

(*b*) Loin de toute personnalité, je me borne à de simples faits. Si l'ex-ministre Pétiet, durant son ministère, après m'avoir écrit une lettre très-obligeante, que j'ai encore, a voulu m'ôter ma place : c'est que sous le premier rapport, il n'avoit consulté que ses lumières ; et que sous le second, il avoit trop prêté l'oreille à de fausses insinuations. Si trop libéral, il a fait entrer dans une classe de savans, un individu qui ne pouvoit appartenir à cette classe, que comme la mousse appartient à l'arbre auquel elle s'attache ; que conclure de là, sinon que c'est un nouveau tribut qu'il a payé à l'humaine foiblesse ?

sacrifié ; que sous son successeur Schérer ; j'ai couru le même danger ; et que sous ce 3.ème ministère, le projet de me nuire a été consommé. Ce sont les généraux Calon et Ernouf, qui directeurs du dépôt, l'un après l'autre, ont successivement détourné le coup qui devoit m'atteindre. Pourquoi le général Meunier, qui leur a succédé et qui paroît les avoir remplacés dans l'opinion qu'ils avoient de moi, ne m'a-t-il pas rendu le même office ? Sans doute, il l'a voulu ; ses lettres et son certificat en sont la preuve : mais si ses efforts ont été infructueux ; quelle est donc la main perfide qui malgré lui, dans l'ombre du mystère, a trouvé le secret inhumain de couper le fil qui depuis si long-tems , tenoit suspendu sur ma tête le glaive de la réforme ? Le directeur Meunier, à qui, parce qu'il étoit mon chef, j'avois communiqué le manuscrit de mon système de lecture avant de le porter au Directoire exécutif ; n'a pas pu s'empêcher d'applaudir à mon travail et cela devoit être ainsi : il est homme d'esprit, il a des connoissances ; et mon ouvrage est un chef-d'œuvre de patience , de zèle et de courage ; il m'assure incontestablement des droits à la reconnoissance des bons citoyens et à la bienveillance d'un Gouvernement juste et sage. Or sous un ministre et sous un directeur qui font, l'un et l'autre, profession d'aimer les lettres, pourquoi la fatale réforme, qui jusques-là avoit épargné ma frêle existence, est-elle venue m'envelopper comme pour me punir d'avoir mis sous les yeux du Gouvernement, un ouvrage utile à mon pays ? Dans un dépôt où il y a tant d'extraits à faire et l'on sait qu'un extrait, pour être bien fait, veut une plume exercée, pourquoi s'il n'est pas vrai que mon républicanisme ait causé de l'ombrage, s'il n'est pas vrai que la suppression de ma place ait été l'effet d'une longue et sourde intrigue, pourquoi des quatre places de rédacteur qui existoient, n'en a-t-on pas conservé du moins une pour moi ? Je ne prétends pas dire qu'on ait passé d'un extrême à l'autre. Je n'ai garde non plus de reprocher à la dernière réforme le vice si commun des fausses combinaisons et des inconséquences. Lorsqu'il s'agit de réformer des abus vrais ou prétendus, on sait assez qu'en général, c'est plutôt la passion que la justice, qui tient la balance : et voilà pourquoi, chez nous, les réformes sont si fréquentes. Mais on venoit de corriger quelques méprises, on venoit de réintégrer des individus que la réforme avoit frappés comme moi ; ne pouvoit-on pas étendre jusqu'à moi cet acte de justice et me réintégrer comme eux ? Si le directeur Meunier m'objecte que les *employés au dépôt ont été réduits au nombre strictement nécessaire pour*

la conservation du matériel des archives
(*a*) ; s'il m'objecte que tel est le plan de
réforme que le Ministre a adopté ; si enfin
il m'oppose un *arrêté du Directoire exécutif
portant nouvelle organisation du dépôt de
la guerre* , et qu'il m'objecte *que je ne suis
pas compris sur l'état approuvé par le Directoire* : il est clair que des objections d'un
tel poids et qui se fortifient, l'une par l'autre ;
de toute nécessité, doivent me fermer la bou-
che. Je m'abstiendrai donc, par respect pour
le Directoire, d'examiner s'il convient à un
Ministre de proposer aux premiers Magistrats
d'une grande république, principalement à
une époque telle que celle où malheureuse-
ment nous nous trouvons, l'humble fonction
d'organiser une des subdivisions de son ministère (*b*), pendant qu'il sait que tant d'intérêts majeurs réclament si impérieusement
toute leur attention. Par une suite de ce
même respect, je m'abstiendrai également de
parler et du plan considéré en lui-même (*c*)

(*a*) Voyez attestation n°. 13.

(*b*) On sait que le dépôt de la guerre n'est qu'une frac-
tion d'une des huit divisions qui composent le ministère de
la guerre ; il fait partie de la troisième division, dans laquelle
il y a conséquemment un chef de division et un directeur.

(*c*) Par égard pour le général Meunier, je dois suppo-
ser que depuis la dernière réforme, ce plan, le même que

et de l'arrêté qui le sanctionne : car à coup sûr, les conséquences qui nécessairement découlent de cette double opération, tôt ou tard et par gradation, froisseroient de manière ou d'autre, les intérêts de plus d'un individu ; si déduisant, l'une après l'autre, toutes ces conséquences, je venois à les rapprocher de l'organisation actuelle du dépôt, pour les comparer ensuite avec ce que le bien de la république en général et celui du dépôt en particulier exigent réellement. Or il est dans mes principes de ne vouloir froisser en aucune manière les intérêts de qui que ce soit. *Ne faites pas à autrui ce que vous ne voudriez pas qu'on vous fît*, telle sera toujours ma maxime, celle conséquemment à laquelle je ferai le philantropique sacrifice des réflexions ultérieuresque j'aurois à présenter et qui, aux personnes près qu'elles atteindroient, trouveroient certainement autant d'approbateurs que de lecteurs.

Concluons par un mot que nous fournit l'histoire et dont le lecteur peut aisément faire l'application. Il est de Thémistocle, qui plai-

---

celui dont il parle dans sa lettre au cit. Jacquemont, est resté intact ; et que par conséquent, il n'offre que les élémens *nécessaires pour la conservation du matériel des archives.*

sanfant sur son fils , l'appeloit le plus puis-
sant des Grecs: car , disoit-il , il gouverne sa
mère, qui me gouverne ; et moi, je gouverne
Athènes , qui gouverne les Grecs.

Je laisse à la sagacité du directeur Meunier,
le soin d'apprécier toute la justesse de ce petit
nombre d'observations: et prenant conseil de
la position où je me trouve , j'offre aux membres du Corps législatif de mettre au net leurs
compositions. J'ai une écriture très-lisible ; et
j'en ai déposé pour eux, un échantillon (*a*) dans
la salle de leur commission des inspecteurs et de
leur bibliothèque. Les copies que je leur four-
nirai seront de la plus grande exactitude. Ecrites
avec beaucoup de netteté , elles seront de plus
orthographiées et ponctuées très-correctement.
Je donnerai en outre à ceux qui le désireront ,
des leçons de langue Anglaise, ayant été à
Londres y puiser la vraie prononciation ; et
sans trop m'engager , j'ose promettre des pro-
grès rapides à qui voudra s'appliquer comme il
convient. *Paris* 26 *Prairial an* 7. MAUDRU.

(*a*) J'ai choisi pour échantillon, les vers qu'en l'an 6 , j'ai faits
sur Buonaparte.

Ma demeure est rue du Bacq , en face des ci-devant
Convalescens, n°. 554, *au* 2me. *sur la rue.*
Mon nom est sur ma porte.

De l'Imp. de ROBLOT, rue de la Huchette,

Mes **POURQUOI** étoient imprimés, lorsque l'idée m'est venue d'y joindre la prose rimée dont il est fait mention à la fin ; et de profiter de cette occasion pour annoncer une courte lettre que, par la voie des journaux, j'adresserai au directeur Meunier. Il faut qu'en tout la franchise caractérise les procédés d'un vrai républicain ; et le Public impartial jugera, si ceux du général Meunier ne laissent pas quelque chose à désirer en fait de candeur.

A BUONAPARTE.

Sage et vaillant Héros, qui joignis au Laurier,
Par un savant accord, le Myrte et l'Olivier ;
Toi, dont la noble audace enchaînant la Fortune
Vainquit l'Aigle, étouffa la Coalition ;
Pars, vole et franchissant les plaines de Neptune
Lance au loin la terreur dans les champs d'Albion.
De ton bras invincible, armé par la vengeance,
Abats le Léopard, monstre avide, assassin,
Exécrable ennemi, coupable envers la France,
Coupable envers l'Europe, envers le genre humain ;
Et que Londres en pleurs annonce à tous les âges,
De quel prix le François sut payer tant d'outrages,
Par combien de revers, d'éclatantes leçons,
L'Angleterre expia ses longues trahisons.
Ainsi, par maints hauts faits, enfant de la Victoire,
Tu monteras, modeste, au temple de la Gloire ;
La Paix, l'aimable Paix couronnant tes exploits,
Chez nous fera bénir ses bienfaisantes loix,
Et d'un œil envieux, l'Etranger, dans la France,
Par tout verra fleurir les arts et l'abondance.

MAUDRU.

Extrait du Cercle n°. 26, 28 Ventôse an 6.